わくわく発見！
日本(にほん)の
郷土料理(きょうどりょうり)

竹永絵里(たけながえり) 画(が)

河出書房新社

はじめに

日本には、たくさんの郷土料理があります。

神さまや殿さまにささげるとっておきの料理、
仕事の合間にさっと作って食べられる手軽な料理、
子供のおやつとして親しまれてきた料理……。
ひとくちに「郷土料理」といっても、
それぞれの料理が生まれた背景はさまざまです。

また、肉や魚、野菜などの食材、
みそやしょうゆといった調味料にも、
地域ごとに作り方や味のちがいがあります。

この本では47都道府県、各地域の代表的な郷土料理を
イラストで紹介しています。

食べたことがある料理を探したり、
おいしそうな料理を台所で再現してみたり、
楽しみ方はこの本を読むあなたしだい。

この一冊を通してたくさんの郷土料理を知り、
日本の豊かな食文化にふれてみてください。

北海道
東北地方

- P.4 北海道　石狩鍋／ジンギスカン／いももち
- P.5 青森県　せんべい汁／いちご煮／べこもち
- P.6 岩手県　ひっつみ／小豆ばっとう
- P.7 宮城県　はらこ飯／冷やし中華／ずんだ餅
- P.8 秋田県　稲庭うどん／きりたんぽ鍋／笹巻き
- P.9 山形県　いも煮／玉こんにゃく／くじらもち
- P.10 福島県　いかにんじん／こづゆ／凍み餅

北海道

石狩川が育てた恵みをいかした料理

石狩鍋

北海道では、秋になるとサケがたくさんとれます。このサケを、丸ごと使った鍋料理が石狩鍋です。ぶつ切りにしたサケと、キャベツやタマネギなどの甘みが出る野菜を鍋に入れ、みそで味をつけます。江戸時代から、石狩川ではサケ漁がさかんでした。漁師たちが新鮮なサケを使って鍋にしたものが、石狩鍋のはじまりです。

石狩川

北太平洋で大きく育ったサケは、秋になると生まれ故郷の川にもどり、産卵する

おやつ

いももち

北海道特産のジャガイモを使う。ゆでたジャガイモをつぶし、片栗粉を入れてこねると、ねばりが出て、もちもちとした食感になる。

羊の肉を「羊肉」といって若い羊の肉ほどやわらかいの

北海道ではアウトドアの定番料理

ジンギスカン

羊の肉を、山がたをした鉄鍋の中央で焼いて、そのまわりにタマネギやモヤシ、ピーマンなどの野菜をのせて食べます。そうすることで、肉汁が野菜にからまっておいしくなります。

生後1年未満の子羊の肉は「ラム」と呼ばれ、クセが少ないのが特徴

青森県

八戸生まれのユニークな郷土料理
せんべい汁

野菜や魚などを煮こんだ鍋に、小麦粉で作った南部せんべいを入れた八戸地方の郷土料理。1枚のせんべいを3〜4つにわって、しょうゆやみそ、酒で味つけした鍋に入れます。せんべいは汁がしみこみ、歯ごたえが残っているうちに食べます。

せんべいのまわりの耳と呼ばれる部分はうすくてサクサク！

昔は鉄製の器具を使って、せんべいを手作りしていた家庭もあった

鍋物に使われる南部せんべい。ゴマなどが入ったお菓子の南部せんべいもあるが、作り方がちがう

おやつ
べこもち

お祝いのときに食べられる餅菓子。白ざとうと黒ざとうでつけられた2色のもようが牛に似ていることから、東北地方の方言「べこ」という名がつけられたという説がある。今はカラフルなもようが多い。

もちもちしてやわらかい食感だよ！

太平洋の豊かな恵みから生まれた漁師料理
いちご煮

味をつけたウニとうす切りにしたアワビを、お湯に入れて火を通し、お吸い物のようにして食べます。もともとは売り物にならないウニやアワビを使った料理でしたが、今では、お祝いの場で食べられる定番料理になっています。

ウニを温めると、野いちごのように丸くなるため、この名がついた

岩手県

名産の小麦粉で作るアイディア料理
ひっつみ

水と混ぜた小麦粉をよくこねてから、引きちぎって汁に入れます。鶏肉や野菜、キノコ、川ガニ、アユなどを入れて煮こみます。味つけは、しょうゆやみそです。昔は米があまりとれなかったので、主食のかわりにひっつみが食べられていました。

ひっつみはつるつるしていて食べやすいのよ

ひっつみは別名「すいとん」、「とってなげ」などといわれている

料理名の由来は、岩手県の方言「ひっつまむ」（引っぱってちぎる）からきている

具材の川ガニは別名モズクガニといわれる。ハサミや足に毛が生えていて、8センチまで大きくなる

おやつ 🕒
小豆ばっとう

小豆の汁に平たい麺を入れた料理。寒い冬のお祝いのときに大鍋でふるまわれる。

小豆の汁は甘さひかえめ！

宮城県

阿武隈川のサケで作る秋の味覚

はらこ飯

この地方の方言で「はらこ」はサケの卵(イクラ)のことです。サケをしょうゆとみりん、酒で煮たものと、ほぐしながら煮汁にさっとくぐらせたはらこを、ごはんにたっぷりかけます。仙台の武将・伊達政宗が、はらこ飯を食べてとても喜んだことから、広まったといわれています。

秋になると、阿武隈川にたくさんのサケが戻ってくる

おやつ

ずんだ餅

ゆでた枝豆で作った緑色のあんを餅にからめた、色あざやかな料理。枝豆の香りを楽しみながら食べられる。

枝豆とさとうの甘味がとってもまろやかだよ!

こんな料理もあるよ

〈冷やし中華〉

1937年の夏に、さっぱりとした中華料理として仙台で生まれました。今はハムやキュウリ、トマトなどの野菜と、錦糸玉子などを細く切ったものを入れていますが、昔はキャベツ、ニンジンなどを入れていました。仙台では、夏だけでなく一年中冷やし中華を食べます。

秋田県

伝統の手のべ製法で作られる、日本三大うどんの一つ

稲庭うどん

稲庭うどんは、細めでコシの強い平たい麺が使われます。江戸時代、地元の小麦から作られた干しうどんがはじまりとされています。当時は高価で、ほかの藩へのおくりものとされました。300年以上前から作られている伝統の味です。

もともとは、冬の保存食として作られた

のどごしのよい麺がとってもおいしいの！

おやつ

笹巻き

餅米を笹の葉でくるんでゆでたもの。さとうときな粉をかけて食べる。昔は、5月5日の端午の節句や、田植え後に神さまに感謝するために作られてきた。

米どころ秋田の名物料理

きりたんぽ鍋

炊いた米をつぶして木の棒につけ、こんがりと焼いたものをきりたんぽといいます。鶏肉や野菜、きのこなどといっしょに鍋で煮こみます。きこりや、狩りをする「またぎ」たちが、山で作ったといわれています。

地域のお祭りや、人が集まるとき、新米収穫後には欠かせない料理

炊いた米を焼くことで香ばしくなるのよ！

山形県

家族や友だちとわいわい食べるふるさとの味

いも煮

サトイモ、こんにゃく、ネギ、牛肉、キノコなどを煮こんで、しょうゆ、みりん、さとうで味をつけた鍋です。県内でも、いも煮のレシピは牛肉を使ったしょうゆ味や、豚肉のみそ味などいろいろあります。山形県では秋がいも煮の季節となっており、川原や広場で鍋を囲んで仲間で集まります。

毎年9月に開かれる「日本一の芋煮会フェスティバル」。ショベルカーを使って作るいも煮は、なんと3万人分！

おやつ

くじらもち

米の粉にさとうを混ぜて蒸した餅に、しょうゆやみそで味つけしたり、クルミやゴマを混ぜたりしたもの。江戸時代から作られているお菓子で、長持ちする。

かたくなったくじらもちは焼くとやわらかくなっておいしいよ！

こんな料理もあるよ

〈玉こんにゃく〉

しょうゆだしで煮こんだ玉こんにゃくを、熱いまま串にさしてカラシをつけて食べます。山形県はこんにゃく消費量全国一位。丸い玉こんにゃくは山形県独特のものです。

福島県

暮らしのなかで工夫されてきた保存食

いかにんじん

細く切ったスルメイカとニンジンを、しょうゆと酒、みりんを合わせた漬け汁に漬けこみます。秋から冬にかけて、家庭で作る料理です。冷蔵庫がない時代に、寒い冬の保存食として作られました。ふだんの食卓はもちろん、お正月にも欠かせない一品です。

> イカのうま味が口いっぱいに広がるわ！

いかにんじんから、冬に不足しがちなたんぱく質をおぎなうことができる

シャキッとしたニンジンと、やわらかくてかみごたえのあるスルメに漬け汁の甘辛い味がついている

おやつ 凍み餅

餅米を蒸し、ヨモギといっしょについて作る保存食。寒い日の夜に外に出して凍らせたあと、干して乾燥させる。食べるときは半日水に漬け、やわらかくしてから焼く。

会津地方のおもてなし料理

こづゆ

サトイモやニンジンなどの野菜を、干した貝柱のだしで煮る料理。しょうゆと酒で上品なうす味に仕上げます。江戸時代後期から明治時代初期に、福島県内陸、会津地方の武家料理として出されていました。

関東地方

- P.12 茨城県　あんこう鍋／そぼろ納豆／ほしいも
- P.13 栃木県　しもつかれ／ちたけそば／いもフライ
- P.14 群馬県　おっきりこみ／こんにゃくの田楽／焼きまんじゅう
- P.15 埼玉県　冷汁うどん／つとっこ／いがまんじゅう
- P.16 千葉県　太巻き寿司／イワシのごま漬け／味噌ピー
- P.17 東京都　深川丼／江戸前にぎり／もんじゃ焼き
- P.18 神奈川県　生しらす丼／けんちん汁／小あじのおし寿司／かんこ焼き

茨城県

漁師たちが伝えた冬の茨城の味
あんこう鍋

アンコウのキモ（肝臓）を弱火で温め、みそ、コンブだしを加えた汁のなかで、季節の野菜や豆腐と、アンコウの身などを煮こんで作ります。アンコウは目と骨以外の全身が食べられる、捨てるところのない魚。肝や胃、卵巣、えら、ひれ、皮まですべて食べられます。

アンコウの身は、やわらかくぬるぬるしているので、空中につるして切る「つるし切り」という方法でさばく

おやつ
ほしいも

蒸したサツマイモをうすく切り、風に当ててかわかす。丸ごと干すと、時間はかかるが、さらに甘くておいしいほしいもになる。

「サツマイモの自然な甘さが楽しめるよ！」

「ぱりぱりしたダイコンの歯ごたえと、納豆のやわらかい食感がやみつきに！」

こんな料理もあるよ

〈そぼろ納豆〉

蒸した大豆から作る納豆は、茨城県の名産品。そぼろ納豆は、納豆に干したダイコンを刻んで入れ、しおやしょうゆで味をつけた料理です。江戸時代からある伝統的な保存食です。

栃木県

家族の健康を願って作る郷土料理

しもつかれ

あらくおろしたダイコンやニンジンと、しおザケの残りや大豆を煮こんで作ります。お正月や節分のあとに残りがちな食べ物をむだにしない、生活の知恵がいきた料理です。栃木県では、昔から2月の決まった日に赤飯と、しもつかれを稲荷神社にお供えし、家族の安全を祈って食べます。

「七つの家のしもつかれを食べると、病気にならない」という言い伝えがある

栃木県だけでなく、群馬、埼玉、茨城、千葉など近県の一部でも冬の郷土料理になっている

おやつ

いもフライ

蒸したジャガイモを串にさして、衣をつけ、油で揚げたスナック。ソースをかけて食べる。

揚げたてはカリッとしておいしいよ！

こんな料理もあるよ

〈ちたけそば〉

チタケという野生のキノコを使ったそば。チタケは山林に生えていて、茶色や赤茶色をしています。つゆは、炒め煮したナスとチタケにだしを加え、しょうゆとみりんで味をつけます。県内には、そばのかわりにうどんで食べるところもあります。

群馬県

からっ風で冷えたからだが温まる郷土料理

おっきりこみ

幅広の麺と季節の野菜を煮こんだ群馬県の郷土料理です。地元産の小麦粉で作った麺を、ゆでずに生のまま鍋に入れることで、煮こむうちにとろみがつきます。名前の由来は、「麺棒に巻いたまま切りこみを入れたから」という説があります。また、「おきりこみ」や「煮ぼうとう」と呼ぶ地域もあります。

地元産の小麦で作られた幅の広い麺は、うま味をよく吸いこみ、食べごたえがある

おやつ

焼きまんじゅう

蒸したまんじゅうを串にさし、甘めのみそだれをぬって焼いた群馬県の名物。

みそだれのこげる匂いがたまらない！

こんな料理もあるよ

〈こんにゃくの田楽〉

温めたこんにゃくを串にさし、甘みのあるみそだれをぬった料理です。ゆでたこんにゃくをたたいて水気を切るので、「ひっぱたき」ともいいます。原料となるこんにゃく芋は、全国の9割が群馬県で作られています。

埼玉県

暑い夏に食べる栄養満点のうどん
冷汁うどん

すりゴマとみそをだしでのばした冷たいつゆを冷汁といいます。それに刻んだキュウリやナス、シソ、ミョウガなどを入れて、うどんをつけて食べます。炎天下のなか、重労働をする農民がバテないように、簡単においしく食べられる栄養食として考えられました。

県北部は小麦の産地。昔から小麦粉を使ったうどんやまんじゅうが作られてきた

ゴマの風味が食欲をそそるわね

うどんはつゆをつけて食べるのが一般的だが、つゆをかけて食べることもある

いそがしい農作業の合間に食べる伝統食
つとっこ

餅米や小豆をトチノキの葉でつつんで蒸した、秩父地方の保存食です。蒸すと葉のなかで餅のようになります。農作業でいそがしい農民のおやつや弁当として食べられてきました。「つとっこ」の語源は、「つつみっこ」だという説があります。

おやつ
いがまんじゅう

まんじゅうのまわりを赤飯でくるんだお菓子。豆の入った赤飯がでこぼこして、クリのイガのように見えるので、この名がついたといわれる。お祭りやお祝いの日に食べるごちそう。

千葉県

お祝いやお祭りを盛り上げるかざり寿司

太巻き寿司

寿司飯のなかに、カンピョウやシイタケなどの具を入れて、海苔やうす焼き玉子で巻いたものです。食用酢でピンク色に色をつけた寿司飯を組み合わせて、切ったときに花や文字などのもようが出るように巻き方を工夫します。結婚式やお祭りなど、人が集まるときに出される見た目もきれいなごちそうです。

具の黄色は卵焼き、ピンク色は桜でんぶなども使われている

入れる文字は、「寿」や「祝」など縁起のよい言葉をえらぶ

おやつ
味噌ピー

ピーナッツを甘いみそでからめて作る。地元では、お菓子としても、ごはんのおかずとしても親しまれている。

ピーナッツのさくさくした食感が楽しめる！

こんな料理もあるよ

〈イワシのごま漬け〉

九十九里浜ではイワシ漁がさかんで、鮮度がおちやすいイワシを保存するために考えられた料理。頭とはらわたをとってしお水に漬け、ゴマ、トウガラシ、ショウガ、ユズなどといっしょに、酢に漬けこんで作ります。

東京都

深川で生まれた庶民の味
深川丼

アサリやハマグリをみそで煮て、最後にネギを入れ、ごはんにかけて食べる料理です。江戸時代、漁師が船の上で手早く食べられるように考えられました。とくに深川(現在の江東区)ではアサリが名物だったので、深川丼と呼ばれ人気が広がりました。

江戸時代、深川は海にめんしており、アサリがたくさんとれる場所だった

貝から出るだしがうま味たっぷり!

おやつ もんじゃ焼き

だしでゆるめにといた小麦粉の生地に、キャベツ、揚げ玉などを混ぜて鉄板の上で焼いたもの。お好み焼きに少し似ているが、生地の水分が多いのが特徴。

チーズや餅などいろいろトッピングしてもおいしいよ!

せっかちな江戸庶民に愛されたファーストフード
江戸前にぎり

魚介を酢やしょうゆに漬けたり、甘辛く煮たりしてから、にぎった酢飯にのせます。江戸時代に、寿司屋だった華屋与兵衛が考えたとされる料理です。にぎってすぐ食べられるので、いそがしい庶民に喜ばれました。

神奈川県

生しらす丼

鮮度が命！すき通ったシラスを味わう料理

熱いごはんに生のシラスをのせ、しょうゆ味のタレをかけます。新鮮なシラスがとれる場所だけで食べられる名物です。生しらす丼は、漁師が船の上で簡単に手早く作れる料理として、食べられてきました。いそがしい漁のあいだに、とれたばかりの新鮮なシラスで作りました。

シラスの旬は春と秋。
1〜3月上旬は禁漁期間

おやつ
かんこ焼き

小麦粉の皮でいろいろな具をつつんで焼いて蒸したもの。春は山菜、秋にはクリやキノコなど、旬のものを使って作る。

けんちん汁

山の幸のうま味をいかした郷土料理

こんにゃくや豆腐、ダイコンやサトイモなどをごま油で炒めて、しょうゆで味をつけた汁ものです。けんちん汁は、お坊さんが食べるために、肉を使わない精進料理として作られていました。名前は、鎌倉市の建長寺で作られた「けんちょう汁」がなまって「けんちん汁」になったという説があります。

こんな料理もあるよ

〈小あじのおし寿司〉

酢でしめたアジを関西風のおし寿司にしたものです。神奈川県にめんした相模湾では、昔からアジがたくさんとれ、お祭りなどがあるたびに作られました。小あじのおし寿司は、東海道線の駅弁として、とても人気があります。

中部地方

- P.20 新潟県　へぎそば／のっぺ／笹だんご
- P.21 富山県　ぶり大根／ます寿司／昆布菓子
- P.22 石川県　治部煮／かぶら寿司／辻占
- P.23 福井県　さばのへしこ／越前そば／水ようかん
- P.24 山梨県　かぼちゃほうとう／吉田のうどん／紅梅焼
- P.25 長野県　おやき／こいこく／五平餅
- P.26 岐阜県　朴葉みそ／あゆぞうすい／くりきんとん
- P.27 静岡県　さくらえびのかき揚げ／静岡おでん／安倍川もち
- P.28 愛知県　ひつまぶし／みそ煮こみうどん／ういろう

新潟県

海藻を使った歯ごたえのあるそば

へぎそば

そば粉をつなぐためにフノリという海藻を使った、少し緑がかった色をしたそばです。海藻が入っているため、ふつうのそばより、歯ごたえがあります。そばは、「へぎ」という箱に一口ずつ並べられます。一人前ずつ器にもる「ざるそば」とちがって、大きなへぎに一口ぶんずつ、そばをもります。

新潟では小麦が作れなかったため、織物に使うフノリを使ってそばを作った。銅鍋で煮ると緑色に変化する

おやつ
笹だんご

米の粉に、ヨモギの葉を混ぜた草餅で小豆あんをつつみ、笹の葉で巻いたお菓子。笹の葉は殺菌力があるので、なかの餅がいたみにくくなる。

片栗粉やさといもから出るとろみがおいしいの

サトイモを使ったおもてなし料理

のっぺ

のっぺは、サトイモやサケ、カマボコ、ニンジン、こんにゃくなどを煮こんで、しょうゆで味つけしたとろみのある汁もの。お祝いの日には、最後にイクラをのせて食べたるところもあります。地域や家庭によって、ちがう味、ことなる材料でのっぺが作られていますが、共通点はサトイモが入っていることです。

富山県

寒い季節の味方、寒ブリ
ぶり大根

ブリの身を照焼や刺身に使うと、頭や中骨などのアラと呼ばれるところが残ります。このブリのアラとダイコンを煮た料理が、ぶり大根です。しょうゆやみそで味をつけます。もともと富山県の郷土料理ですが、今では日本全国で作られています。寒い季節に、寒ブリと味がしっかりとしみこんだダイコンを食べるとからだが温まります。

冬のブリは脂がのっておいしくなり、寒ブリと呼ばれる

ダイコンは下ゆでをして、ショウガと煮る

おやつ　昆布菓子

富山県はコンブの消費量日本一。餅にコンブをねりこんだものや焼いたコンブにさとうをまぶしたものなど、いろいろなお菓子がある。

将軍も食べたおし寿司
ます寿司

富山市を流れる、神通川のマスで作ったおし寿司。クマザサをしいた曲げものの器に、寿司飯をつめ、酢に漬けてうす切りにしたマスの身をのせたら、笹でふたをします。重しをして丸一日おいたら笹のよい香りがするおいしいます寿司のできあがりです。江戸時代には、徳川の将軍に献上していました。

笹のなかでおいしさが熟成されるの！

石川県

金沢料理の代表格
治部煮

小麦粉をまぶした鴨肉を、ネギなどの野菜やすだれ麩と煮て作った、金沢の代表的な郷土料理です。だしとしょうゆ、さとう、酒で味をつけ、食べるときにわさびをそえます。肉に小麦粉をまぶすことで汁にとろみがつきます。すだれ麩はすだれにはさんで作る平たい麩で、かみごたえがあり、独特の食感です。

鴨肉のかわりに鶏肉を使うこともある

すだれ麩

汁のとろみでからだが温まるわ！

煮るときに「じぶじぶ」という音がするからこの名がついたという説がある

おやつ
辻占

金沢市周辺に見られる、お正月に食べるさとう菓子。さとうと餅の粉を混ぜ合わせた生地を、花のような形につつんだもので、なかに小さなおみくじが入っている。

カブは1.5センチくらいの輪切りにする

こうじで発酵し保存できる寿司
かぶら寿司

厚切りのカブのあいだにしお漬けにしたブリの身をはさみ、こうじで発酵させた、江戸時代から作られている伝統的な料理です。ブリのかわりにサバやサケを使うこともあります。寿司といっても、「にぎり寿司」や「おし寿司」とはちがい、こうじですっぱく発酵させることで保存ができる「なれずし」という食べ物です。

福井県

さまざまな食べ方がある地元の健康食
さばのへしこ

さばのへしこは、しお漬けにしたサバを、米ぬかに1年ほど漬けて作る若狭地方の保存食です。うすく切って焼いたり、お茶漬けで食べたりします。若狭地方の方言で、押しこむことを「へしこむ」といいます。サバを米ぬかのなかに押しこむように漬けるので、「へしこ」と呼ばれるようになりました。

保存のきく、冬場のおもてなし料理として出される

へしこにするサバは、背の方から開いて内臓をとり、よく血を洗って2週間しお漬けにする

おやつ
水ようかん

水ようかんは、さとうと飴を寒天で固めて作る。夏のお菓子とされているが、福井県では冬に食べるのが一般的。水分を多くしてやわらかく作るのが特徴。

甘さひかえめであっさりした味だよ！

昭和天皇が、福井県で食べたおろしそばを気に入ったことから、越前そばの名が全国に知られるようになった

昭和天皇が認めた越前若狭の味
越前そば

ゆでたそばに大根おろしをのせ、冷たいつゆをかけて食べます。薬味には、ネギやかつお節を使います。昔は大晦日や結婚式などでふるまわれていました。石臼でひいたそば粉を使っており、食べると風味が広がります。

山梨県

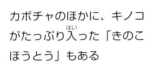

兵士の疲れをいやした伝統料理

かぼちゃほうとう

うどんより太くて平たい麺を、野菜といっしょに煮こんだ、みそ味の料理をほうとうといいます。甘みのあるカボチャがよく合うと好まれています。水田の少ない山梨県では、小麦の栽培がさかんで、小麦粉から作るほうとうがよく食べられてきました。生麺のまま煮こむため、打ち粉の小麦粉がとけてとろみがつき、冷めにくくなります。

カボチャのほかに、キノコがたっぷり入った「きのこほうとう」もある

紅梅焼

江戸時代からある伝統的なお菓子。小麦粉とさとうを混ぜて水でこねた生地を発酵させてから、梅花や短冊型に切り抜いて焼いたもの。

富士山にのぼる前、汚れをおとすために白いうどんを食べた、という説もある

独特のつゆで食べる太麺のうどん

吉田のうどん

富士吉田市では、昔から太くてコシの強い手打ちうどんが作られてきました。うどんには、ゆでたキャベツなどをのせて、しょうゆとみそを合わせたつゆで食べます。明治時代には、登山客にうどんを出す店ができたといわれており、現在も富士吉田市は、富士山の登山口としてにぎわっています。

長野県

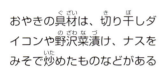

米のかわりになった小麦粉食

おやき

小麦粉で作った皮で、野菜や漬け物をつつんで焼いたり、蒸したりする料理です。長野県は米の収穫が少ないため、小麦粉を使ったおやきは好んで食べられます。皮や具の材料や調理法は、地域や家庭によってさまざまです。そば粉で作る木曽地方の「そば焼きもち」、米の粉で作る諏訪地方の「焼きもち」などがあります。

おやきの具材は、切り干しダイコンや野沢菜漬け、ナスをみそで炒めたものなどがある

手軽に食べられるから、おやつにも夜食にもいいね!

おやつ 五平餅

ごはんをつぶして竹串にさし、タレをぬって焼いたもの。タレは、しょうゆやみそで味をつけ、ゴマやクルミを入れる。

辛口のみそで味つけされたコイの煮物

こいこく

ぶつ切りにしたコイを煮こんだみそ味の料理です。コイの骨がやわらかくなるまで、じっくりと煮て、みそやさとうで味をつけます。コイは千曲川のきれいな水で育ち、身がしまっておいしくなります。お祭りやお祝いのときに作られてきました。

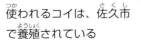

使われるコイは、佐久市で養殖されている

岐阜県

きこりがはじめた朴の葉鍋
朴葉みそ

朴葉みそは、みそに薬味を混ぜたものを、朴という木の葉の上で焼いて食べる、岐阜県北部の飛騨高山地方の郷土料理です。新緑の葉は朴葉もちや朴葉ずしに、おちて枯れた朴葉が朴葉みそに使われます。炭火であぶった朴葉の香りが食材の味を引き立てます。

そのおいしさから、ごはんを何杯もおかわりするので「朴葉みそを3年間食べ続けると身上をつぶす（破産する）」といわれていた

朴の木は下駄などに使われる。葉は、長さ30センチにもなり、大きくてじょうぶ

みそのうま味が口のなかに広がるの！

おやつ
くりきんとん

蒸したクリにさとうを加えて、すり鉢でなめらかにすりつぶし、鍋に入れて弱火で煮たあと、クリの形にしぼったお菓子。江戸時代から人気があった。

夏バテのときにぴったりのアユ料理
あゆぞうすい

真夏の食欲がおちるときに作る、アユのうま味がいっぱいのぞうすいです。土鍋でだしをわかし、ごはんと焼いたアユの身をほぐして入れ、もう一度ふっとうしたら、しょうゆで味をつけ、刻んだネギを入れます。岐阜県南部の長良川では、鵜という鳥にのみこませてアユをとる鵜飼が奈良時代から続いています。

静岡県

さくらえびをカラッと揚げた駿河湾の味覚
さくらえびのかき揚げ

駿河湾だけでとれるさくらえびを、葉ネギやニンジンなどの野菜といっしょに、生のままカラッと天ぷらに揚げた料理です。ほんのり甘く、サクッとした食感は一度食べたら忘れられません。保存用に干したものを揚げることもあります。

海のなかのさくらえびは半とうめいだが、水から上がるとうっすらとしたもも色になる

葉ネギのかわりにタマネギを使ったり、好みの野菜を刻んで入れたりする

おやつ

安倍川もち

つきたての餅に、きな粉やさとう、あんこをかけたお菓子。江戸時代、東海道の安倍川近くの茶店で売られていたことから名物になった。

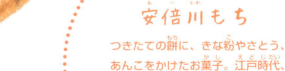

つきたての餅はやわらかくておいしいよ!

こんな料理もあるよ

〈静岡おでん〉

牛すじでとっただしに、濃口しょうゆで味をつけたまっ黒いつゆと、一本ずつ串にさしてある具材が特徴のおでんです。おだんごや牛すじ、角揚げのほか、イワシやアジを丸ごとねりこんでいる黒はんぺんなどがあります。かつお節の粉や青のり、みそやカラシをつけて食べます。

愛知県

パリッと焼いたウナギを3度楽しむ

ひつまぶし

ひつまぶしは、「おひつ」という木の容器に炊いたごはんを入れ、その上に刻んだウナギの蒲焼きをのせたものです。名前の由来は、この「おひつ」からきています。ウナギは、蒸したあとにふっくらと焼く関東風とはちがい、関西風にパリッと焼きます。1杯目はそのまま、2杯目に薬味をのせ、3杯目はお茶漬けにして食べるのが一般的です。

ウナギは蒸さずに焼くと、歯ごたえがよく仕上がり、ひつまぶしに合う

おやつ

ういろう

米粉とさとうを混ぜて蒸しあげたお菓子。黒ざとうやまっ茶、小豆などを入れたものもある。全国で作られているが、名古屋のものが有名。

食感はもっちりしているよ！

農家がはじめた煮こみうどん

みそ煮こみうどん

愛知県特産の豆みそで仕立てた煮こみうどんです。豆みそは、色と味が濃いのが特徴です。愛知県では、みそカツやみそ田楽など、豆みそを使った料理がたくさんありますが、その定番がみそ煮こみうどんです。しおを使わずに打ったコシの強いうどんを、鶏肉や油揚げ、ネギなどといっしょに煮こみます。

近畿地方

- P.30 三重県　てこねずし／伊勢うどん／きんこ
- P.31 滋賀県　ふなずし／かもすき／でっち羊羹
- P.32 京都府　賀茂なすの田楽／にしんそば／八ツ橋
- P.33 大阪府　てっさ・てっちり／箱ずし／くるみ餅
- P.34 兵庫県　いかなごのくぎ煮／ぼたん鍋／明石焼き
- P.35 奈良県　柿の葉寿司／にゅうめん／いもぼた
- P.36 和歌山県　めはりずし／鯨の竜田揚げ／柚もなか

三重県

伊勢志摩の庶民が食べ続けた伝統の味

てこねずし

しょうゆとみりんを合わせたタレにカツオやマグロの刺身をつけ、酢飯と混ぜて食べる料理です。いそがしい漁師が、つった魚を船の上でさばいて、ごはんと混ぜて食べたのがはじまりといわれています。酢飯に白ゴマを混ぜることもあります。青ジソやショウガなどを千切りにして薬味にします。

三重県の沿岸は水産業がさかん。とくに、熊野灘にめんした尾鷲市ではカツオ漁が有名で、身がしまっておいしい

おやつ

きんこ

サツマイモを丸ごと煮て、2週間ほど干して作る干しいも。ナマコを乾燥させた「きんこ」に形が似ていることから名前がついた。子供たちはもちろん、漁師や海女のおやつとして作られた。

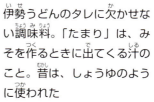

伊勢うどんのタレに欠かせない調味料。「たまり」は、みそを作るときに出てくる汁のこと。昔は、しょうゆのように使われた

江戸時代から人気のシンプルな極太うどん

伊勢うどん

長い時間をかけてやわらかく煮た極太うどんに、みりんとたまりしょうゆ、さとう、だしで作った甘いタレをかけて食べるうどんです。具はほとんど入っていません。江戸時代、伊勢神宮へのお参りが流行したときに、たくさんの参拝客が伊勢うどんを食べ、そのめずらしい味が評判になりました。

滋賀県

独特の匂いが特徴の歴史ある寿司

ふなずし

ふなずしは、しお漬けにしたフナをごはんに数ヶ月から2年ほど漬けこみ、発酵させて作ります。長期間の保存がきく「なれずし」で、日本の寿司の原点といわれています。骨までやわらかくなっているので、食べるときはうすく切ります。そのまま食べるほか、お茶漬けにして食べることもあります。

琵琶湖特産のニゴロブナは身が厚いのが特徴。とくに、春先にとれる卵を抱えたメスがふなずしには合う

おやつ でっち羊羹

竹の皮でつつんだ蒸し羊羹。江戸時代、実家をはなれて住みこみではたらく丁稚（商店ではたらく子供や若者）が、お正月などに里帰りしたとき、店へのお土産に買っていったのが名前の由来。

琵琶湖が生んだ冬の味覚

かもすき

冬をこすため琵琶湖に渡ってくるマガモの肉と、ネギや旬の野菜、豆腐をだしで煮こんだ鍋料理です。だしは、マガモの骨をたたいてとっています。そして、しょうゆとさとうで味をつけます。すき焼きのように生卵をつけて食べることもあります。

冬になると海を渡ってくるマガモは、身が引きしまっていておいしい

京都府

京野菜を使ったヘルシーな料理

賀茂なすの田楽

京都の伝統野菜である賀茂なすを半分に切って油で焼き、甘みそをのせて食べる料理です。賀茂なすや聖護院大根など、ふつうの野菜とは形や大きさのちがう京都特産の野菜を「京野菜」といいます。賀茂なすは、加熱しても形がくずれにくいため、油で焼いたり揚げたりする田楽にむいています。

賀茂なすは、ボールのように丸い形をしたナスで、明治以前から栽培されている

おやつ

八ツ橋

カスタードやチョコレートのあんもあるよ！

もともとは、米の粉にさとうとニッキを混ぜて、うすく焼きあげたせんべいのようなお菓子。なかにあんをつつんだ「生八ツ橋」も人気。二つ折りにしていろいろなあんをつつむ。

身欠きにしんは、ニシンの卵であるカズノコや、内臓を取り出して干したもの

ニシンの甘みが広がる、京都のそば

にしんそば

身欠きにしんの甘露煮をそばの上にのせたものです。身欠きにしんは、そのままだとカラカラに乾燥してとてもかたいので、時間をかけて温め、やわらかく戻してから甘辛く煮ます。明治時代に京都のそば屋が考えた料理で、今では京都を代表する料理となりました。

大阪府

鉄砲ふぐの刺身と鍋
てっさ・てっちり

大阪では冬になると、フグを使う料理が人気です。フグには毒があって「あたると命がない」ことから、大阪ではフグを鉄砲や鉄といいます。鉄の刺身で「てっさ」、鉄のちり鍋で「てっちり」と呼ばれているのです。てっちりは、ぶつ切りにしたフグの身、野菜、豆腐などを煮て、ポン酢をつけて食べます。

フグのなかでも「トラフグ」がおいしいといわれている

ちり鍋とは、白身魚の鍋のこと

おやつ
くるみ餅

くるみ餅といっても、クルミは入っていない。「餅をあんでくるんでいる」ことから、くるみ餅と呼ばれている。

あんはエダマメや大豆などから作るよ!

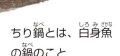

天下の台所から生まれたごうかな寿司
箱ずし

専用の木の箱に寿司ネタと酢飯を入れておし、食べやすい大きさに切ったものです。ごうかな具を使った、見た目も美しい大阪寿司の代表です。時間がたっても、くさらずおいしく食べられように、さとうや酢を多めに使います。

兵庫県

見た目はさびた釘、中身は海の幸
いかなごのくぎ煮

いかなごの「新子」(体長3〜5センチの幼魚)をしょうゆやさとうで甘辛く煮た佃煮です。兵庫県沖の播磨灘では、毎年2月末から3月末にかけて、いかなごの新子漁が行われます。時季がくると各家庭でくぎ煮を作ります。味つけは、家庭によってちがいます。

いかなごは、播磨灘沖の砂地で産卵する。生まれたいかなごを食べにタイやスズキなどの魚が集まり、よい漁場になる

おやつ
明石焼き
小麦粉をだしと卵でといて、名産の明石だこを入れて焼いた軽食。食感はふわりとろりとしており、地元では「玉子焼き」と呼ばれている。たこ焼きとちがい、食べるときはだしにつける。

肉が花びらのように何層にも重なる
ぼたん鍋

丹波篠山でとれるイノシシの肉を、みそ仕立ての鍋にした料理。この地方では、昔からイノシシを「山くじら」と呼んで食べてきました。エサになる木の実がたくさん実る秋から冬にかけて、イノシシの肉はおいしくなります。肉をニンジン、白菜、ゴボウ、キノコなどといっしょにみそで煮こみます。

冬に入るとイノシシ猟がさかんになる

奈良県

柿の葉の緑色があざやか

柿の葉寿司

サバをのせた小さなおし寿司を、柿の葉でくるんだもので、江戸時代から作られています。サバは、しおでしめておきます。柿の葉でつつむとサバが傷んだり、酢飯がかわいたりするのをふせげます。今ではサバだけでなく、サケや小ダイなども使われています。奈良県の駅で人気の駅弁メニューです。

いもぼた

小さく切ったサトイモをごはんといっしょに炊き、すり鉢でつぶしたものを丸めて、小豆あんでつつんだぼたもち。餅米のかわりに、サトイモでねばりを出す。

柿の葉寿司に使われる渋柿の葉には、寿司をくさりにくくする効果がある

こんな料理もあるよ

〈にゅうめん〉

そうめんは、夏に冷たいつゆで食べることが多いですが、奈良県では冬にも食べます。ゆでたあとに水洗いしたそうめんを、味つけした温かいだしの鍋に入れて、煮て食べます。「にゅうめん」は、「煮麺」がなまってついた名前といわれています。具に使うのは、刻んだネギや油揚げなどです。

和歌山県

紀の国で生まれた古来のファストフード

めはりずし

ぴりっと辛みのきいた高菜の葉でつつんだ、シンプルで大きなにぎりめしです。茎をみじん切りにしてごはんの真ん中に入れ、葉で全体をつつんで形をととのえます。食べやすい形なので、漁業や林業ではたらく人が弁当にもっていき、海や山で食べました。

「目を見はる」ほど大きくておいしい！

おやつ

柚もなか

和歌山県は、日照時間が長くて暖かい気候なので、ミカンやユズなどのかんきつ類の栽培がさかん。柚もなかは、おろしたユズの皮を混ぜた白あんのもなか。

食べると上品なユズの香りがするよ

なつかしい学校給食の人気メニュー

鯨の竜田揚げ

ショウガじょうゆに漬けたクジラ肉に、片栗粉をつけて油で揚げたものです。味や見た目はからあげに似ています。外側はカリッとしてなかはやわらかいので、冷めてもおいしく食べられます。昔は学校の給食でよく出され、子供たちに人気がありました。

とくに太地町は、江戸時代から捕鯨の町として知られる。今も「くじらの博物館」などがあり、沿岸捕鯨を行っている

中国四国地方

- P.38 鳥取県　かに汁・かにめし／あご天だんご・あごのだんご汁／豆腐ちくわ
- P.39 島根県　すずきの奉書焼／出雲そば／かたら餅
- P.40 岡山県　ばらずし／ままかりずし／きびだんご
- P.41 広島県　カキの土手鍋／あなご飯／広島焼き
- P.42 山口県　ふくさし・ふくの煮こごり／岩国寿司／かいもち
- P.43 徳島県　ぼうぜの姿ずし／ひらら焼き／フィッシュカツ
- P.44 香川県　讃岐うどん／しょうゆ豆／落花生の甘煮
- P.45 愛媛県　ひゅうが飯／法楽焼き／タルト
- P.46 高知県　皿鉢料理／かつおのたたき／いたどりの炒め煮

鳥取県

冬の味覚の王様

かに汁・かにめし

鳥取県の冬の一番のごちそうがズワイガニです。オスは「松葉ガニ」、メスは「親ガニ」と呼ばれます。どちらもおいしいですが、地元の人に人気なのは、卵もいっしょに味わえる親ガニ。「かに汁」や「かにめし」にして食べます。どちらももとは素朴な漁師料理ですが、今ではたくさんの観光客がこれを食べにやって来ます。

卵は甲羅の外につくので「外子」、卵巣は甲羅のなかにあるので「内子」という

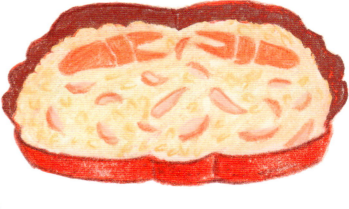

おやつ

豆腐ちくわ

白身魚のすり身と豆腐を混ぜ、蒸して作るちくわ。木綿豆腐を使うことで、ふわふわした食感になる。

トビウオのすり身は食べ方いろいろ

あご天だんご・あごのだんご汁

鳥取県では、トビウオのことを「アゴ」と呼びます。アゴの身を包丁で細かくたたき、しおを足してすり身にします。これをだんごにして油で揚げたものが「あご天だんご」で、熱いうちにショウガじょうゆで食べます。「あごのだんご汁」は、だんごを揚げず、タマネギなどと煮てみそ仕立ての汁にしたものです。

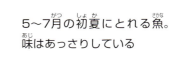

5～7月の初夏にとれる魚。味はあっさりしている

島根県

漁師料理を上品にアレンジ
すずきの奉書焼

スズキの旬は秋の終わりから冬にかけて、脂がのってくるころです。「奉書」とは、将軍などの意思を家臣がかわりに書いた文書。これに使われる真っ白でなめらかな和紙が「奉書紙」です。この紙でスズキを丸ごとつつみ、灰のなかで蒸し焼きにしました。今ではオーブンで焼き、レモンの汁などをかけて食べます。

漁師が松江藩主に焼きスズキを献上するとき、灰がつかないよう奉書紙でつつんだのがこの料理のはじまり

宍道湖でとれるスズキ。ほかにもウナギやコイなどさまざまな魚がとれ、まとめて「宍道湖七珍」と呼ばれる

おやつ かたら餅

5月5日の端午の節句のお供え物として用いられる柏餅。島根県では、柏の葉のかわりに「かたら」と呼ばれるサルトリイバラの葉で餅を巻いたことからこの名がついた。

江戸時代から続く松江の味
出雲そば

「割子」という3段重ねの丸い器に入った、冷たいそばです。色が黒くコシのあるそばに、ネギなどの薬味をのせ、そばつゆをとっくりから注ぎかけて食べます。麵の色が黒いのは、そばの実を殻の下の甘皮ごとひいたそば粉で作られているから。とてもよいそばの香りがします。

岡山県

ばらずし

瀬戸内海の魚で作るはなやかな寿司

寿司飯が見えないほどたくさんの具がのる、ごうかな寿司です。現代では、お正月やお祝いの日に作られます。瀬戸内海でとれるエビやイカ、アナゴ、サワラ、サバといった魚のほか、キヌサヤやレンコン、インゲンなど季節の野菜が主な具材です。山でとれるキノコや山菜も入ります。

江戸時代の藩主・池田光政が、倹約のため「おかずは一皿に」と人々に命令。このため、一皿で魚も野菜も食べられるばらずしができた

ままかりずし

ごはんがすすむ、たまらないおいしさ

「ままかり」と呼ばれる小魚を、酢でしめて作ったにぎり寿司です。ままかりの頭と内臓、ウロコをとり、中骨を外してしおをふります。そのあとしばらく寿司酢に漬けておき、寿司飯といっしょににぎります。岡山県にあるいろいろな寿司のなかでも、ばらずしと並んで全国的に有名です。

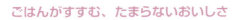

「まま（ごはん）を借りてしまうほどうまい」のが呼び名の由来。正式な名前はサッパで、ニシンの仲間

おやつ 🕛

きびだんご

昔話「桃太郎」でもおなじみのお菓子。キビは、米より粒がずっと小さいイネ科の穀物。今のきびだんごは、餅米を使い、さとうや水あめで甘みをつけて作る。

広島県

「海のミルク」をおいしく食べる

カキの土手鍋

カキは岩につく貝の一種で、こっくりと濃厚な味わいから「海のミルク」と呼ばれます。みそを土鍋の内側に土手のようにぬりつけ、そのなかで白菜や豆腐とカキを煮こみます。みその土手を少しずつくずして、好みの濃さにしながら食べます。広島では室町時代からカキの養殖がさかんで、その収穫量は日本全体の半分以上になります。

火を通して、カキが軽く
ふくらんだら食べごろ

おやつ

広島焼き

具と生地を混ぜてから焼く「お好み焼き」とはちがい、豚肉や、やきそばなどを炒め、キャベツといっしょにうすいクレープのような生地ではさんで蒸し焼きにする。

車窓からの風景とともに楽しむ海の幸

あなご飯

瀬戸内海はアナゴの産地。とくに、広島がほこる世界遺産・厳島神社の近海ではよくとれます。「あなご飯」は、アナゴの頭と中骨のだしで炊いたしょうゆ味のごはんに、アナゴの蒲焼きをぎっしりとのせた丼です。明治時代に駅弁として売り出したところ大好評で、広島名物として知られるようになりました。

アナゴは夜行性。小さな穴を空けた筒にエサを入れて、夕方にしずめておく。夜中から明け方にかけて漁を行う

41

山口県

幸「福」を呼ぶ魚のめでたい料理

ふくさし・ふくの煮こごり

山口県では、幸福の「福」にちなんで、フグを「ふく」といいます。フグはあっさりした上品な味わいの白身魚です。刺身をはじめ、いろいろな調理法があります。部位によっては猛毒があるため豊臣秀吉が食べるのを禁じましたが、明治時代、地元の名士・伊藤博文がフグのおいしさに感激して解禁。再びフグ料理が広まりました。

煮こごりは、フグの皮をだしで煮こんで冷まし、汁ごとゼリーのように固めたもの

これは「鶴盛り」という盛りつけで見た目にも楽しめるわ！

おやつ

かいもち

「混ぜ合わせる」という意味の方言「かく」が名前の由来。餅とサツマイモをいっしょに煮てやわらかくし、よくこねて丸める。さとうやしおで味をつける。

ヨモギを入れたり、きな粉をまぶしたりするよ

城を守り抜くための非常食

岩国寿司

アナゴやアジといった魚や季節の野菜、錦糸玉子などをふんだんに使ったおし寿司です。「殿様寿司」という別名にもふさわしいごうかさです。岩国城は山の上にあり、戦になるとすぐに水や食料が足りなくなったので、非常時のための保存食として作られていました。

江戸時代から岩国はレンコンの名産地。岩国寿司には酢で煮たレンコンが欠かせない

徳島県

うず潮の国に伝わる秋の味覚
ぼうぜの姿ずし

「ぼうぜ」は方言でイボダイのこと。頭をつけたまま背中側から開き、酢でしめ、寿司飯と合わせて形作ります。じっくり酢に漬けるので、ぼうぜは丸ごと食べられるほどやわらかくなります。寿司飯には特産品であるすだちの果汁を加え、できあがった姿ずしの上にもすだちの輪切りをのせます。秋祭りには欠かせない一品です。

イボダイには地域によって「モチウオ」、「ウボゼ」、「シズ」など別名が多数。干物やしお焼きにして食べる

おやつ　フィッシュカツ

カレー粉を加えた魚のすり身に、パン粉をつけて揚げたもの。しょうゆやソースをかけて食べる。

天然のホットプレート
ひらら焼き

「ひらら」とは「平たい石」という意味です。まず川原で石を組んでかまどを作り、ひららをのせ、1～2時間かけて加熱します。ひららが熱くなったら、その上にみその土手を作ってなかに水と酒を入れ、アマゴという川魚を焼いて食べます。徳島県西部の祖谷地方に伝わる料理です。

香川県

「麺」、「つゆ」、「だし」3つの恵みを結集

讃岐うどん

昔は「讃岐」と呼ばれた香川県。雨が少なく暖かな気候で、よい小麦が育ちます。瀬戸内海の海水からは、良質なしおやしょうゆが作れます。また、イリコだしにするカタクチイワシもふんだんにとれます。こうした好条件がそろって、香川県は「うどん県」と呼ばれ、県外からもうどん好きの観光客が訪れるほどになりました。

生地をビニール袋に入れ、何百回も足で踏むのが、コシの強さの秘訣

おやつ　落花生の甘煮

落花生の実を、うす皮がついたまま弱火で気長に煮て、さとうと少しのしおを加える。お正月のおせちで黒豆のかわりに使うこともある。

ぴりっとくる辛さがやみつきになる

しょうゆ豆

香川県では、行事や祭礼のときにしょうゆ豆を食べる習慣があり、ふだんの食卓にもよくのぼります。乾燥させたそら豆を、「ほうろく」と呼ばれる鍋でじっくりと炒め、さとうとしょうゆ、トウガラシで味つけします。お祭りなどでよく食べられる、スナック菓子のようなものです。

愛媛県

荒海でとれる新鮮な魚介の名物料理

ひゅうが飯

タレに漬けたタイの刺身を生卵にからめて、炊きたてのごはんにのせたもの。宇和島市の伝統料理です。ごはんさえあれば、火をまったく使わずに作れるのが特徴。平安時代に近くの海で活躍した水軍（海賊）が、船の上で食べていた料理といわれています。

愛媛県は、養殖マダイの生産量が全国一位

おやつ

タルト

カステラであんこを巻いたお菓子。パイ生地に果物などをのせたふつうのタルトとはまるで別物。江戸時代、松山藩主がポルトガル人から作り方を教わり、和風にアレンジしたといわれている。

荒れた海で育った魚介の濃厚なうま味

法楽焼き

タイやエビなどの新鮮な魚介を、「ほうらく（ほうろく）」という素焼きの鍋で蒸し焼きにした料理です。室町時代に、瀬戸内海につながる来島海峡で活躍した海賊・村上水軍が、戦いに勝ったお祝いに食べたと伝えられています。このため、地元では別名「海賊料理」と呼ばれます。

高知県

大勢でわいわい楽しむ高知流オードブル

皿鉢料理

皿鉢という大きなお皿に、たくさんの料理をもって出します。神さまにお供えした料理をみんなで食べたのがはじまり。旬の生魚をのせた「刺身」、おかずからデザートまでもり合わせた「組みもの」、そして「寿司」の3皿を出すのが基本形です。お祝いの席でふるまわれます。

おやつ

いたどりの炒め煮

「いたどり」は春にとれる山菜の一種。山が多い高知県では、よく使われる食材。皮をむいて熱湯をかけ、水に一晩さらして酸味をぬいてから油で炒め、さとうとしょうゆで味つけする。

昔の漁師は、とれたばかりのカツオを船の上でたたきにして食べた

新鮮な海の幸をごうかいに食べる漁師料理

かつおのたたき

脂がのったカツオの身を、しおをふって包丁でたたき、なじませ、皮つきのまま表面の色が変わる程度に火であぶり、氷水で冷やします。それから厚めに切って刺身にします。この調理法から「たたき」という名前がつきました。ニンニク、ショウガ、シソなどの薬味をそえて、ポン酢で食べます。

九州沖縄地方

- P.48 福岡県　水炊き／がめ煮／鶏卵そうめん
- P.49 佐賀県　呼子イカの活きづくり／須古寿し／綾部のぼたもち
- P.50 長崎県　卓袱料理／ちゃんぽん／カステラ
- P.51 熊本県　馬刺し／からしれんこん／いきなりだご
- P.52 大分県　ごまだしうどん／とり天／やせうま
- P.53 宮崎県　地鶏の炭火焼／冷や汁／飫肥天
- P.54 鹿児島県　つけあげ／鶏飯／かるかんまんじゅう
- P.55 沖縄県　ゴーヤーチャンプルー／ラフテー／サーターアンダギー

福岡県

鶏肉のおいしさを骨まで味わいつくす

水炊き

骨つきの鶏肉を水から炊き上げる鍋料理です。鶏のだしがじっくりとれるので、調味料は入れません。鶏肉料理が、江戸時代に長崎から福岡へ伝わったものとされています。白菜やシュンギク、シイタケ、豆腐などをいっしょに煮て、ポン酢としょうゆで食べます。具を食べ終えたら、残ったスープにごはんを入れてぞうすいにします。

色が濃く、やわらかい細ネギ。細かく刻んでスープやポン酢に入れる

おやつ

鶏卵そうめん

黄色いそうめんのように見える甘いお菓子。ときほぐした卵の黄身を、グツグツと熱くわかしたとうみつのなかに入れて作る。安土桃山時代にポルトガルから伝わった。

こんな料理もあるよ

〈がめ煮〉

一口大に切った鶏肉と、ニンジンやレンコン、ゴボウなどを、油で炒めてから甘辛く煮しめた料理です。名前の由来は、台所の野菜を「がめりこんで」作るからという説があります。「がめりこむ」は方言で「寄せあつめる」という意味です。お祭りやお祝いには欠かせない料理で、「筑前煮」とも呼ばれます。

佐賀県

玄界灘の幸は鮮度が命
呼子イカの活きづくり

玄界灘ではイカ漁がさかん。なかでも、唐津市呼子町で水揚げされたイカを「呼子イカ」といいます。この呼子イカを生きたままで刺身にするのが、呼子イカの活きづくりです。食べる直前にいけすから出して、イカの形をくずさないまま身を細く切ります。身がすき通っていて皿の上で動くのが、新鮮さの証です。

イカの身を刺身で食べたら、三角形の部分のエンペラと足は天ぷらにして食べる

呼子町には刺身以外にも、イカ飯やイカの卵みそ汁、イカの一夜干しなどがある

おやつ
綾部のぼたもち

一口大の小さなぼたもち。佐賀県東部のみやき町にある綾部神社で食べられる。鎌倉時代、戦で勝った祝い餅として兵士たちにふるまわれた。

あんこたっぷりのぼたもち、おいしそう!

目でも楽しめる有明海の恵み
須古寿し

白石町須古地区で、お祭りやお祝いのときなどに作られてきた箱寿司です。箱にしきつめた寿司飯に、あとでわけやすいよう10センチ四方の筋目を入れ、ムツゴロウのかば焼きなどをのせます。室町時代、米の品種改良を成功させた領主に感謝して、農民がお礼に献上したのがはじまりとされています。

長崎県

交易の中心地で楽しむ多国籍の味

卓袱料理

和風、中国風、洋風といろいろな料理を大皿にもり、丸い大きなテーブルにのせ、数人で取りわけながら食べます。江戸時代のはじめ、中国の人々との交流から生まれたといわれています。代表的な中国風料理には角煮があります。

卓袱とはテーブルのこと

いろいろな国の料理をいっきに食べられるのよ！

最初におひれという、タイのひれが入ったお吸い物が出る。それ以外、順番や食べ方に決まりはない

おやつ

カステラ

小麦粉と卵、さとうを型に流しこんで、オーブンで焼いたお菓子。スペインにあったカスティーリャ国のお菓子なので、この名前がついたといわれている。

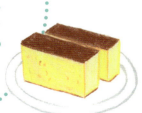

同郷の若者への愛情がこもった一杯

ちゃんぽん

野菜や豚肉、イカ、カマボコなどたくさんの具材を入れた麺料理です。鶏ガラや豚骨でだしをとったスープに、コシのある太麺を入れて煮こみます。明治時代、中国福建省出身の料理人が、「長崎にいる中国人留学生に、安くて栄養のとれるものを食べさせたい」と考えて作ったのが元祖ちゃんぽんです。

熊本県

火の国に伝わる活力の源
馬刺し

うすく切った馬の肉を、生で刺身のように食べる料理。ショウガやニンニクを薬味にして、うす切りのタマネギなどといっしょに、しょうゆをつけて食べます。熊本の大名・加藤清正が、戦場で食べ物が足りなくなったとき、軍馬を食料にしたのがはじまりといわれています。

熊本では馬肉がスーパーでも手に入る

熊本では、カレーや肉じゃがなどにも馬肉を使うことがあるのよ

おやつ

いきなりだご

輪切りにしたサツマイモを、だんごの生地につつんで蒸したお菓子。「いきなり」は方言で「手早く」という意味。農作業がいそがしいときもすぐに作って食べられるおやつとして考えられた。

藩主への思いが生んだ健康食
からしれんこん

レンコンの穴にからしみそをつめ、衣をつけて油で揚げた料理です。この組み合わせが生まれたのは、からだが弱かった熊本藩の藩主・細川忠利のためだといわれています。血液を増やす作用があるレンコンと、食欲を増す作用があるカラシを、いっしょにおいしく食べられるように工夫したのです。

大分県

手軽に食べられる漁師料理

ごまだしうどん

ごまだしをうどんにかけ、お湯を注いで食べる料理です。ごまだしは、焼いた白身魚の身をすり、しょうゆとゴマを混ぜて作ります。保存がきくので、たくさん作っておいて、漁の合間などいそがしいときに食べられる便利な料理です。地元の人は、うどんだけでなく、ごはんやそうめんにもごまだしをかけて食べます。

ごまだしは、カマボコの原料である、エソという魚から作られる

エソがたくさんとれたときに、カマボコやごまだしを作っておく

食感はもっちりしているよ

おやつ

やせうま

小麦粉で作った平麺をゆでて、さとうやきな粉をかけたお菓子。生地を幅約1センチ、長さ約30センチにのばしたもの。

こんな料理もあるよ

〈とり天〉

一口大に切った鶏肉に天ぷらの衣をつけ、油で揚げた料理です。大正時代に別府市のレストランで考えられました。鶏肉を小さめに切り、天ぷら用の衣をつけて揚げるので、一般的なからあげよりも食べやすくやわらかい食感です。つけ汁は店によってさまざま。好みに合わせて、カラシ酢じょうゆをつけて食べます。

宮崎県

屋台で生まれた庶民の味
地鶏の炭火焼

宮崎で生まれ育った地鶏を、炭火で焼いて味わうシンプルな料理です。一口大に小さく切った地鶏をしおこしょうで味つけし、黒いすすがつくほどの強い炭火でいっきに焼き上げます。金網の上で転がしながら焼くので、鶏肉のよけいな脂がおちて、皮はカリッと香ばしく、肉はうま味がぐんと強くなります。

おやつ
飫肥天

日南市飫肥地区に伝わる、魚のすり身と豆腐、野菜にみそと黒ざとうを混ぜて油で揚げた料理。「天」は天ぷらのこと。おやつだけでなく、おかずやうどんの具にもよく使われる。

暑い夏でもしっかり食べられる
冷や汁

お茶漬けのようにするすると食べられるので、食欲がおちる夏にぴったりです。焼き魚のほぐし身を、すり鉢でみそと混ぜてなめらかにします。そのみそを火であぶり、冷やしただしでのばし、キュウリやくずした豆腐といっしょに炊きたての麦飯にかけます。シソや細かく切ったユズを入れることもあります。

畑仕事がいそがしいときでも手早く作れる

焼き魚にはアジやカマスなどを使う

アジ

カマス

鹿児島県

海のむこうからやって来た伝統の味
つけあげ

「さつまあげ」として全国的にも知られる、鹿児島県の代表的な郷土料理。魚のすり身に豆腐を混ぜ、酒やさとう、しお、卵などで味をととのえ、油で揚げたものです。さとうを多めに入れた、甘い味つけが好まれます。琉球（今の沖縄）にも「チキアギ」というよく似た料理があり、これが江戸末期に伝わってきたという説が有力です。

真っ白で、ふわりと甘い上品な味がするよ

おやつ
かるかんまんじゅう

かるかんは、泡立てた卵白に、すりおろした山芋、米粉、さとうを混ぜて蒸したお菓子。昔はさとうがとても高価だったので、お祝いのときにだけ作られる特別なものだった。

トロピカルなトッピングがおいしい
鶏飯（けいはん）

奄美大島に400年前から伝わるおもてなし料理です。ごはんの上に蒸し鶏やシイタケ、錦糸玉子などの具をのせ、鶏ガラでとったスープをかけて食べます。具には、鶏肉や野菜、錦糸玉子のほか「島みかんの皮」や「パパイヤのみそ漬け」といった、南国らしい食材も使われます。

学校給食の人気メニューよ！

沖縄県

南の国ならではの食材を使った料理

ゴーヤーチャンプルー

ゴーヤーを肉や豆腐と炒め合わせ、最後に卵を入れて仕上げる料理です。夏の料理として、沖縄だけでなく日本全国で食べられるようになりました。チャンプルーは、沖縄の言葉で「混ぜる」という意味。そうめんを使うソウミンチャンプルー、ヘチマを使うナーベーラーチャンプルーなど、いろいろなチャンプルーがあります。

おやつ　サーターアンダギー

サーターは「さとう」、アンダギーは「油で揚げる」という意味。その名の通り、小麦粉と卵に黒糖を加えて、油で揚げたお菓子。

> 外側はさくっ、中身はふんわり

沖縄の長寿の理由の一つはゴーヤーであるといわれている

おもてなしにも使われる手間ひまかけた一皿

ラフテー

豚肉を、さとうとしょうゆ、そして泡盛（沖縄の強いお酒）を合わせた汁でじっくりと煮こんで作る、沖縄風の角煮です。もともとは琉球王朝の宮廷料理で、今でも、お正月やお祝いの席でラフテーが出されます。

> ラフテーは、口のなかでほろりとくずれるのよ！

お正月の定番！お雑煮マメ知識

日本の西は「丸餅」、東は「角餅」を使うことが多いみたい！

お正月に食べるお雑煮は、餅の形や味つけ、入れる具材など地域や家庭によってさまざまなものがあります。
日本各地で食べられているお雑煮を見てみましょう！

北海道・東北地方

〈クルミ雑煮〉

すまし汁に山菜やダイコンなどを入れる。お雑煮に入っている餅はクルミのタレにつけて食べる。

岩手県

中部地方

〈サケとイクラのお雑煮〉

サケの産地でもある新潟。焼いた角餅といっしょにサケを入れて、最後にイクラをもりつける。

新潟県

近畿地方

〈白みそ雑煮〉

京都府

白みそで味つけした汁に野菜と丸餅を入れる。「ものごとが丸くおさまるように」と願いをこめて具材は丸く切る。

中国・四国地方

〈あんもち雑煮〉

香川県

甘口の白みそで味つけ。あんの入った丸餅を入れ、最後に青のりをかけて食べる。

〈カキ雑煮〉

広島県

すまし汁に広島名物のカキを入れる。カキは「福をかきいれる」といわれ、縁起のよい食べ物とされている。

竹永絵里（たけなが・えり）

イラストレーター。多摩美術大学美術学部情報デザイン学科卒業。
F-SCHOOL OF ILLUSTRATION、山田博之イラストレーション講座受講。
書籍、広告、WEB、雑貨デザインなどで活躍中。
多くの人に親しまれるイラストを描く。
近年は、海外でも個展やワークショップを開催。趣味は旅行！
HP：http://takenagaeri.com

編集：ナイスク（http://naisg.com）
プロデューサー：松尾里央
高作真紀／中野真理／鶴田詩織／埜邑光
執筆：館野公一
校正：山川稚子
装丁・デザイン：遠藤亜由美
DTP：高八重子

本書では、同じ漢字表記のものでも、ふりがなや送りがなの表記が
異なる場合がありますが、それぞれの地域の名称を尊重しております。

参考文献：『郷土料理（ポプラディア情報館）』（ポプラ社）／『都道府県別 日本の伝統文化 全6巻』（国土社）

わくわく発見！日本の郷土料理

2017年3月20日　初版印刷
2017年3月30日　初版発行

画：竹永絵里
発行者：小野寺優
発行所：株式会社河出書房新社
〒151-0051　東京都渋谷区千駄ヶ谷2-32-2
電話　03-3404-8611（編集）03-3404-1201（営業）
http://www.kawade.co.jp/

印刷・製本　図書印刷株式会社
Printed in Japan　ISBN978-4-309-61342-0
落丁・乱丁本はお取り替えいたします。
本書のコピー、スキャン、デジタル化等の無断複製は著作権法上での例外を
除き禁じられています。本書を代行業者等の第三者に依頼してスキャンや
デジタル化することは、いかなる場合も著作権法違反となります。

日本の郷土料理クイズ

食材から料理がわかるかな？

北海道・東北地方

羊の肉を使う料理は？
→ 答えは4ページ

具材に川ガニが入っている料理は？
→ 答えは6ページ

関東地方

カタクチイワシを酢に漬けた保存食は？
→ 答えは16ページ

名物のアサリを使った丼だよ！
→ 答えは17ページ

中部地方

さくらえびを揚げた料理は？
→ 答えは27ページ

ウナギを使っている料理で3回の食べ方があるよ！
→ 答えは28ページ